Über den Autor

Bruno Erhard, Jahrgang 1953, ist Personalmanager und zertifizierter Sachverständiger i.R. Zudem hat er Studienzertifikate in Kunstgeschichte und Philosophie (ZFU) erworben. Der Wahl-Würzburger besitzt eine umfangreiche Privatsammlung zur Würzburger und fränkischen Geschichte und ist Mitglied in mehreren Vereinen wie den Freunden Mainfränkischer Kunst und Geschichte e.V., den Freunden des Museums am Dom und dem Universitätsbund Würzburg e.V. Bruno Erhard ist Träger der Verdienstmedaille des Verdienstordens der Bundesrepublik Deutschland sowie der Ehrennadel in Gold der Industrie- und Handelskammer Würzburg.

Würzburg

Eine nostalgische Bilderreise zwischen Kaiserzeit und Wirtschaftswunder

Das Falkenhaus mit Marienkapelle.

Bruno Erhard

Würzburg

Eine nostalgische Bilderreise zwischen Kaiserzeit und Wirtschaftswunder

SUTTON

Blick auf den Sternplatz mit dem „Café König" um 1905.

Einband vorn: Blick in die Domstraße.
Vorsatz: Leistenstraße mit Festungsblick.
Seite 5: Blick vom Residenzplatz auf die Balthasar-Neumann-Promenade um 1955.
Nachsatz: Mainviertel mit Altstadtansicht.
Einband hinten: Die Katzengasse im Mainviertel verbindet die Zellerstraße mit der Dreikronenstraße (siehe Seite 48).

Impressum

Sutton Verlag GmbH
Arnstädter Straße 8
99096 Erfurt
www.suttonverlag.de

ISBN: 978-3-96303-205-9
Druck: Florjančič Tisk d.o.o. / Slowenien
Gestaltung und Herstellung: Sutton Verlag

In diesem Buch wird aus Gründen der besseren Lesbarkeit das generische Maskulinum verwendet. Weibliche und anderweitige Geschlechteridentitäten werden dabei ausdrücklich mitgemeint, soweit es für die Aussage erforderlich ist.

Inhalt

Vorwort

Würzburg, zu Füßen der Festung Marienberg gelegen, bildet den wirtschaftlichen, religiösen und kulturellen Mittelpunkt Unterfrankens. Trotz schwerer Kriegsschäden wird das Stadtbild noch immer von barocken Bauten und künstlerisch gestalteten Kirchen geprägt. Begeben Sie sich auf eine Zeitreise durch Würzburg zwischen 1900 und 1970, entdecken Sie die herrschaftlichen Einkaufsstraßen, kleinen Gassen, schmucken Häuser, die stattlichen Höfe und Bürgerhäuser. Berühmte Persönlichkeiten lebten in der Europastadt und schufen hier Werke von Weltruhm. Die Residenz, das große Bauwerk Balthasar Neumanns mit dem Deckengemälde Tiepolos, wurde von der UNESCO zum Welterbe gekürt. Weitere Highlights sind das Käppele, die barocke Wallfahrtskirche am Nikolausberg, oder das Mainfränkische Museum, das die einzigartigen Figuren des Bildschnitzers Tilman Riemenschneider birgt.

Der Stadt Würzburg sagte man nach, sie würde von den Begebenheiten der Vergangenheit, dem Wein und der Landschaft gemächlich leben. Viele Dinge erledigten die Bürger zwischen dem Früh- und Abendschoppen in den Spitälern und den sogenannten Bäcks von einst.

Die Ereignisse des 16. März 1945 vernichteten einen Großteil dieses fränkischen Kleinods. Alles, was über Jahrhunderte hinweg gereift und gewachsen war, wurde in 20 Minuten zerstört. Die Bürger dieser Stadt haben mit Tatkraft und ungebrochenem Lebensmut den Wiederaufbau erst möglich gemacht. Sie gaben sich nicht der Trauer über das Verlorene hin, sondern ließen Würzburg „wie einen Phönix aus der Asche“ neu entstehen. Aus dem zerstörten Würzburg wurde eine Stadt mit allen Facetten einer modernen Metropole, in der es sich (wie einst) gut leben, studieren und arbeiten lässt.

Weiterhin gilt in Würzburg die Devise: „In Würzburg hat man Zeit zu leben.“

Bruno Erhard

Blick auf den Mainkai im Frühjahr 1920.

1

Persönlichkeiten der Stadtgeschichte

Friedrich I., auch Barbarossa genannt (* um 1122, ertrunken am 10. Juni 1190), war von 1155 bis 1190 römisch-deutscher Kaiser. Während seiner Regierungszeit fanden acht Reichstage in Würzburg statt. Die Bischöfe der damaligen Zeit standen Barbarossa sehr nahe, Bischof Herold führte bei Abwesenheit des Kaisers die Aufsicht über die Kaiserliche Kanzel. 1168 erhielt das Bistum vom Kaiser die Belehnung mit der Herzogswürde und somit war der Bischof von Würzburg gleichzeitig Herzog von Franken und Fürstbischof.

Das Fresko im Kaisersaal der Residenz, gemalt von Giovanni Battista Tiepolo, zeigt die Hochzeit von Friedrich Barbarossa und Beatrix von Burgund am 17. Juni 1156. Der Hochzeitszug führte von der Alten Mainbrücke über die Domstraße zum Dom. Die Ehe dauerte 28 Jahre. Es gingen acht Söhne und drei Töchter aus der Verbindung hervor.

Julius Echter von Mespelbrunn.

Johann Gottfried von Guttenberg.

Friedrich Carl von Schönborn.

Franz Ludwig von Erthal.

742 stiftete der heilige Bonifatius das Bistum Würzburg, das sich im Laufe der Zeit zu einem bedeutenden Fürstbistum entwickelte, das von 1168 bis 1802 bestand. Die Bischöfe wurden zu Fürstbischöfen und besaßen nun sowohl geistliche als auch weltliche Macht. Die Würzburger Fürstbischöfe erhielten später zudem den Titel Herzog von Franken. Einige der wichtigsten Würzburger Fürstbischöfe zeigen diese vier Porträts. Die Originale befinden sich im Stadtgeschichtlichen Museum der Stadt Karlstadt. Das Leporello, das eigentlich zehn Abbildungen enthält, ist der Mainfranken-Edition Nr. 1044 (Besitzer Bruno Erhard) entnommen.

Julius Echter von Mespelbrunn (1573–1617)
war ein großer Gegenreformator seiner Zeit und führte strikte Glaubensregeln ein. 1576 gründete er das Juliusspital für Kranke, Alte, Pilger und Waisen sowie 1582 die Universität, die allerdings damals nur für Katholiken zugänglich war. Unter seiner Herrschaft wurden 300 Kirchen und Schulhäuser errichtet.

Johann Gottfried von Guttenberg (1684–1698)
gilt als der Schöpfer des Beamtenapparates, in dem man nur durch Prüfungen Beamter werden konnte. Beamte mussten im Amt anwesend sein und am Amtssitz wohnen. Er verbot das Hausieren, Betteln, verschwenderische Taufen und Hochzeiten, Strohdächer und Fachwerk in den Städten.

Friedrich Carl von Schönborn (1729–1746)
ließ viele Kirchen und Schlösser bauen. Er war Renovierer und Bauherr von rund hundert Kirchenbauten. Besonders zu erwähnen sind die Sommerresidenz Werneck und die Klosterkirche Münsterschwarzach. 1744 ließ er die Würzburger Residenz durch Balthasar Neumann vollenden.

Franz Ludwig von Erthal (1779–1795)
machte sich vor allem um das Schulwesen verdient. So reformierte er das Volksschulwesen, gründete Schulen und setzte sich für den Ausbau der Universität ein. Er handelte nach dem Leitspruch „Alles für die Untertanen, aber alles durch den Fürsten". Da er allen Prunk verschmähte, fand die glanzvolle Hofhaltung in der prächtig ausgestatteten Residenz während seiner Regierungszeit ein Ende.

Porträt von Balthasar Neumann.

Balthasar Neumann, einer der bedeutendsten Architekten des 18. Jahrhunderts, wurde am 27. Januar 1687 als Sohn des Tuchmachers Hans Christoph Neumann in Eger geboren. 1700 ging er in die Lehre, wurde Geschützgießergeselle und erwarb den Lehrbrief für Ernst- und Lustfeuerwerkerei. 1714 wurde er Fähnrich der fürstlichen Leibkompanie. Fürstbischof Johan Philipp Franz von Schönborn setzte Neumann bei der Stadtbaukommission für die Überwachung des bürgerlichen Bauwesens ein. 1720 erfolgte die Grundsteinlegung der Residenz und Neumann wurde mit dem Bau beauftragt. 1723 reiste er nach Paris, um die Baupläne mit den Architekten Robert de Cotte und Germain Boffrand zu besprechen. Neumann ließ sich in Würzburg in der Franziskanergasse 2 nieder, wo er 1724 den Hof Oberfrankfurt erworben hatte, der über eine Aussichtsplattform verfügte. 1725 heiratete er Eva Maria Schild, die Tochter des Geheimrates Schild.

1729 wurde Neumann auf Veranlassung von Fürstbischof Schönborn Baudirektor mit den Zuständigkeiten für das militärische, kirchliche und zivile Bauwesen der Hochstifte Würzburg und Bamberg sowie für die Privatschlösser des Fürstentums. Zudem wurde er als Lehrer für Militär- und Zivilarchitektur an den neu eingerichteten Lehrstuhl der Universität Würzburg berufen.

Im Mittelpunk seiner Aktivitäten stand für Balthasar Neumann der Bau der Residenz. Besonders das Treppenhaus, das als großer lichter Saal mit freitragendem Muldengewölbe angelegt wurde, ist eine bautechnische Meisterleistung und gilt als eine der großartigsten Raumschöpfungen überhaupt. Nach 24-jähriger Bauzeit wurde die Residenz 1744 fertiggestellt.

Am 19. August 1753 starb der geniale Baumeister und wurde am 22. August in der Marienkapelle in Würzburg beigesetzt.

Gartenfront mit dem Mittelpavillon der Würzburger Residenz.

Hofgarten und Teich mit Blick auf die Südfront der Residenz.

Porträt von Wilhelm Conrad Röntgen.

Wilhelm Conrad Röntgen war 25 Jahre alt, als er 1870 zum ersten Mal nach Würzburg kam. Er war am 27. März 1845 als Sohn eines Kaufmannes in Lennep im Bergischen Land geboren worden. Ab 1864 studierte er zuerst in Utrecht und danach in Zürich, wo er mit einer Arbeit über Gase seinen Doktor der Philosophie erreichte. Der Physiker August Kundt, einer seiner Lehrer am Züricher Polytechnikum, wurde 1870 nach Würzburg berufen und nahm Röntgen als Assistent mit. Allerdings lief dort nicht alles so wie gedacht. Die Würzburger verwehrten Röntgen die Habilitation, weil er kein humanistisches Abitur besaß. 1872 übersiedelte Röntgen nach Straßburg, wo er sich in Physik habilitieren konnte. 1888 wurde ihm die Professur für Physik an der Universität in Würzburg angeboten. Er nahm das Angebot an, was sich für die „Alma Julia" als Glücksfall herausstellte. 1893 wurde Röntgen zum Rektor der Universität gewählt.

Sein größter wissenschaftlicher Erfolg gelang ihm in Würzburg: Beim Experimentieren mit Kathodenstrahlen entdeckte er am 8. November 1895 im Physikalischen Institut die nach ihm benannten Strahlen (X-Strahlen). Röntgen gehörte zu den Wissenschaftlern, deren Entdeckung ohne belastende Streitereien rasch Anerkennung fanden. 1900 ging Röntgen als Professor für Theoretische Physik nach München. 1901 wurde ihm in Stockholm der erste Nobelpreis für Physik verliehen. 1921 wurde er Ehrenbürger der Stadt Würzburg. Am 10. Februar 1923 starb Röntgen in München.

Die Straße Pleicherglacis wurde in Röntgenring umbenannt.

Die Würzburger Universität zur Zeit Röntgens.

Der Prinzregent Luitpold von Bayern mit Kaiser Wilhelm II. beim Besuch in Würzburg.

Prinzregent Luitpold von Bayern wurde am 12. März 1821 in der Würzburger Residenz geboren. Er zog 1825, als sein Vater Ludwig I. den bayerischen Thron bestieg, nach München, doch behielt er Würzburg zeitlebens als seine Geburtsstadt in Erinnerung. 1844 heiratete er Auguste von Toskana. Aus der Ehe gingen vier Kinder hervor, unter ihnen auch der 1845 geborene Ludwig, der 1913 König von Bayern wurde.

Wenn Luitpold zur Saujagd in den Spessart fuhr, ließ er den Hofzug stundenlang im Würzburger Hauptbahnhof warten, um im Königssalon mit seinen lieben Würzburgern zu plaudern. Die Tage vom 7. bis 9. Juli 1895 waren ein besonderer Anlass, in Würzburg Halt zu machen. Es galt, den vom Regenten gestifteten Kiliansbrunnen auf dem Bahnhofsplatz einzuweihen. Hierbei war es wichtig, die Bürgerschaft zu besuchen und sich auf dem Kiliani-Volksfest am Sanderrasen sehen zu lassen. Anlässlich der Einweihung waren auch die Bürgermeister anwesend. Nach dem Zeremoniell der Brunnenweihe folgte der leutselige Teil. Nun galt es, geduldig ein Gedicht anzuhören, den Hammeltanz anzuschauen und 2.000 Mark für die Stadtarmen zu stiften. Die Regentschaft währte bis zu Luitpolds Tod am 12. Dezember 1912.

Besuch des Würzburger Hofgartens.

Truppenabnahme auf dem Residenzplatz.

2

Alt-Würzburg

Straßenzüge und Gebäudeansichten

Die Pleich

Der Name Pleich stammt von dem Flüsschen Pleichach, das früher Bleichwasser führte. Es fließt über Rimpar und Versbach nach Würzburg. Die Pleich ist das älteste Stadtviertel Würzburgs, das sich durch zahlreiche kleine Gassen auszeichnet. Eine bekannte ist die Pleicherthorgasse, heute Pleichertorstraße. Hinter der Gruppe kleiner Bürgerhäuser ist auf dem Foto unten der Schneidturm zu sehen, der 1880 abgetragen wurde. Der Turm wurde ehemals vom Landgerichtsdiener als Wohnung genutzt.

Im Pleicher Viertel befindet sich das älteste Würzburger Bürgerhaus aus dem Jahr 1581.

Eine weitere Straße mit geschichtlichem Hintergrund ist die Pleicher Glacisstraße, die 1915 anlässlich des 100. Geburtstages von Fürst Otto von Bismarck in Bismarckstraße umbenannt wurde. Hier befanden sich Villen wohlhabender Bürger, die zum Teil auch heute noch vorhanden sind.

Die Pleichertorstraße mit Schneidturm und Wohnhäusern.

Herrschaftliche Häuser mit schmucken Giebeln.

Die Glacisstraße mit Wohnblöcken um 1920.

Der säulengeschmückte Bahnhof mit dem Kiliansbrunnen.

Die Parkanlage vor dem Bahnhof lud zum Verweilen ein.

Der Bahnhofsplatz diente damals als Kutschenknotenpunkt.

Bahnhofsviertel

Das Bahnhofsgebäude wurde vom königlichen Eisenbahnarchitekten Friedrich Bürklein entworfen, der Bahnbetrieb 1865 aufgenommen. Das großzügig angelegte Empfangsgebäude bestand aus einer zweigeschossigen Mittelhalle und zwei Seitenbauten. Im Inneren waren Wartesäle, zwei Gaststätten sowie der Fahrkartenschalter untergebracht. Das Äußere dominierten arkadenähnliche Torbögen. Das Gebäude wurde am 16. März 1945 komplett zerstört und durch einen Neubau ersetzt.

Der Bahnhofsvorplatz wird von einer kleinen Parkanlage mit dem Kiliansbrunnen geprägt, den Prinzregent Luitpold 1895 als Geschenk an seine Geburtsstadt übergab. Auf dem Platz fanden früher verschiedenste Paraden statt.

Gegenüber dem Bahnhofsplatz in Richtung Kaiserstraße befindet sich der Kaiserplatz mit dem 1875 angelegten Kaisergärtchen. Auf dem Platz stand einst in der Mitte ein Wasserturm. Das Gärtchen wird von der Stadtgärtnerei gepflegt. Im Frühjahr zeigen die Magnolienbäumchen ihren besonderen Reiz.

Bahnhofsplatz mit Kiliansbrunnen/Ecke Haugerring.

Der Haugerring war eine Prachtstraße mit herrschaftlichen Häusern.

Vom Kaiserplatz kommt man direkt zur Kaiserstraße.

Haugerring

Der Haugerring ist die Verbindungsstraße vom Berliner Ring zum Kaiserplatz. Der Name „Hauger“ leitet sich vom altdeutschen Wort „Haug“ ab, was so viel bedeutet wie Hügel, Anhöhe oder Berg. Im früheren Sprachgebrauch wurde eine Anhöhe auch Haugberg genannt. An die Festungswerke erinnert die Haugerglacisstraße, die vom Haugerring am Ringpark entlang zum Bahnhof führt. Einige Häuser am Haugerring wurden renoviert und im alten Stil wiederaufgebaut.

Kaiserstraße

Einst lagen zwischen Bahnhof und Stadt Wälle und Gräben. Um zum Bahnhof zu gelangen, musste man einen Umweg durch die Semmelstraße und das Neutor in Kauf nehmen. 1871 wurde nach einem Stadtbefestigungsplan, der vorsah, dass die Befestigungsanlagen vor dem Bahnhof entfernt wurden, mit den Abrissarbeiten begonnen. Die Kaiserstraße wurde zu einer Einkaufsstraße, in der sich viele Geschäfte ansiedelten. Ab Juni 1900 fuhr auch die elektrische Straßenbahn im Linienverkehr Bahnhof–Sanderau durch diese Straße.

Blick in die Theaterstraße mit dem Hotel „Russischer Hof".

Der Beginn der Juliuspromenade mit Barbarossaplatz.

Die untere Juliuspromenade mit Juliusspital.

Juliuspromenade

In der Mitte der Juliuspromenade steht das Denkmal des Fürstbischofs Julius Echter von Mespelbrunn, des Gründers des Juliusspitals, das König Ludwig I. von Bayern 1847 errichten ließ. Die Juliuspromenade hieß früher Grabenweg, da die ersten Befestigungen der inneren Stadt inklusive Graben dort vorbeiführten. Im Jahr 1738 erließ Fürstbischof Friedrich Carl von Schönborn zur Verschönerung der Stadt die Verordnung, dass der alte Graben der inneren Stadt vom Eingang zur Kapuzinergasse bis zum Ochsenplatz aufgefüllt und darauf eine Straße angelegt werden sollte. Mitte des 19. Jahrhunderts wurde die Juliuspromenade nach dem Gründer des Juliusspitals benannt.

Die Straße war um 1855 eine Prachtpromenade mit einer Lindenallee, die mit Gaslaternen geschmückt war. Später mussten die schadhaft gewordenen Lindenbäume Platanen weichen. An der Juliuspromenade standen weitere geschichtsträchtige Häuser. So gab es 1787 ein Zuchthaus für weibliche Sträflinge und das ehemalige Seelhaus für hilfsbedürftige Menschen.

Würzburg. Schönbornstrasse. Augustinerkirche.
2433

WÜRZBURG
Schönbornstrasse
Kaffee-Geschäft

Rechts ist die Bayerische Disconto- und Wechselbank zu sehen.

Die Schönbornstraße mit Dominikanerplatz, links die Augustinerkirche.

Die Schönbornstraße mit Geschäftshäusern.

Schönbornstraße

Die Straße, die früher Sandgasse hieß und in der sich zahlreiche Häuser und Höfe befanden, ist die Fortsetzung des Kürschnerhofs in Richtung Juliuspromenade. Benannt wurde sie nach dem Grafengeschlecht der Schönborns. 1895, im Zuge der Modernisierung und Verbreiterung der Straßen, wurden die alten Höfe wie der Neumünstersche Stiftshof abgerissen. In den Jahren der Modernisierung der Stadt entstanden 1898, wie auf den Aufnahmen dieser Seite zu sehen ist, Geschäfts- und Wohnhäuser im Stil der Jahrhundertwende. Die Straße war Würzburgs Vorzeigestraße.

Der Dominikanerplatz mit Straßenbahn und „Café Dauch“.

Dominikanerplatz

Wo sich die Schönbornstraße zum Dominikanerplatz erweitert, liegt heute die Augustinerkirche. Der Name des Platzes erinnert daran, dass ab 1228 ursprünglich die Dominikaner Gotteshaus und Kloster besaßen. 1813 ging der Klosterkomplex an den Augustinerorden über. Ein Fußweg verband den Platz bis 1870 mit der Juliuspromenade. In die Vergrößerung der Schönbornstraße wurde auch der Platz einbezogen.

Falkenhaus

Die Marienkapelle und das Falkenhaus bilden eine Einheit am Oberen Markt. Das Haus zum Falken hieß früher „Hof zur Burgpfarre“. Ab 1338 befand sich darin die Wohnung des Dompfarrers. Ab 1612 hieß es „Schenstatt zum Falken“. Im Jahr 1735 erwarb der Kaufmann Thomas Meißner das Gebäude und ließ einen ersten Außenschmuck anbringen. 1751 wurden dann die kunstvollen Stuckeinheiten angebracht.

1823 kaufte der Hofglaser Limb das Gebäude und ließ es im Inneren großzügig umbauen, woraufhin es als Konzert- und Ballsaal genutzt wurde. Das im Krieg zerstörte Falkenhaus wurde nach altem Vorbild wiederaufgebaut.

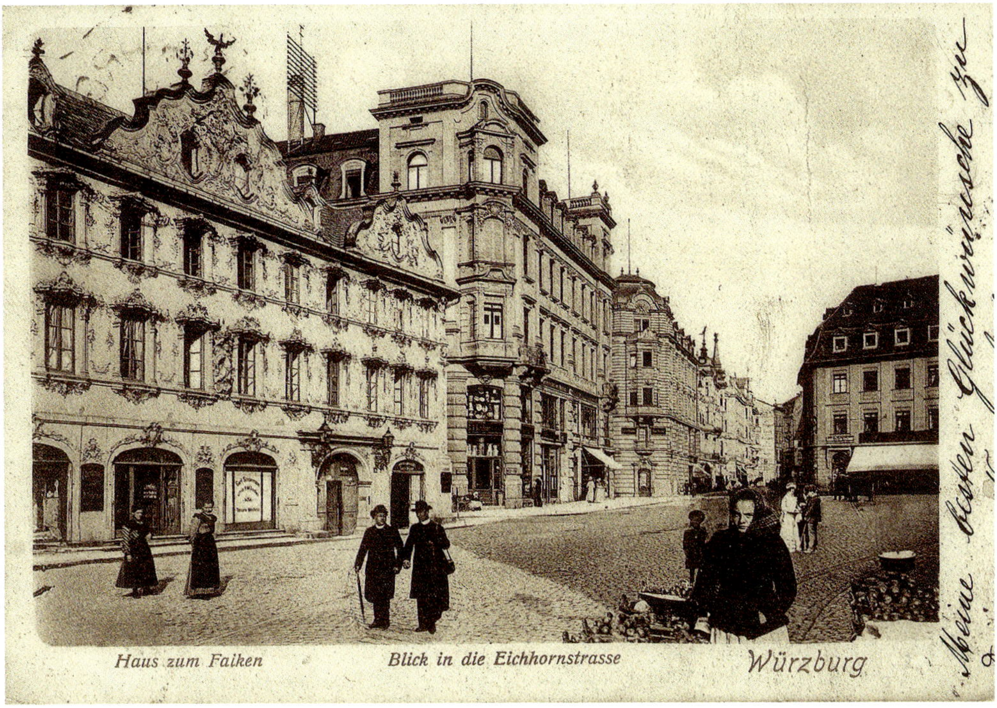

Das Falkenhaus in Richtung Eichhornstraße (oben) und mit Marienkapelle (unten).

Marktszene aus früherer Zeit.

Marktplatz

Der Marktplatz, im Laufe der Jahrhunderte auch Bauernmarkt oder grüner Markt genannt, ist das Herzstück der Stadt. Geprägt wird er von der Marienkapelle. Über Jahrhunderte hinweg wurde am und um den Marktplatz gebaut. 1697 wurde der Markt gepflastert. Unter Fürstbischof Friedrich von Seinsheim wurde der Marktbereich von 1739 bis 1745 neu gestaltet. An seiner Gestaltung wirkten zahlreiche Baumeister mit: So schuf Balthasar Neumann einige Bauten, u.a. das Kaufhaus am Markt. Der Marktbrunnen, ein Obelisk, wurde 1808 von J.A. Gartner entworfen. Begrenzt wird der Platz vom Casteller Hof, einem Renaissancegebäude. Der Marktplatz ist auch heute stets mit Leben erfüllt.

Blick über den Markt.

Marktfrauen bieten vor der Marienkapelle Meerrettich an.

Der Kürschnerhof mit den typischen Würzburger Geschäftshäusern.

Diese Aufnahme zeigt rechts den Aufgang zum Neumünster.

Der noch unbebaute Platz vor dem Kürschnerhof in Richtung Domstraße im Jahr 1910.

Kürschnerhof

Der Kürschnerhof verbindet die Domstraße und den Marktplatz und ist die Verlängerung der Schönbornstraße. Der Name leitet sich von den Pelzhändlern und Kürschnern ab, die sich um 1400 am damaligen Salhof, zwischen Neumünster und Dom gelegen, niederließen und hier ihre Buden aufbauten. Neben Pelzwaren wurden auch landwirtschaftliche Erzeugnisse verkauft. Aus den anfänglich kleinen Buden wurden Häuser, in denen die Kürschner wohnten.

Auf dem Platz zwischen Neumünster und Dom befand sich auch das Land- und Amtsgericht. Ein Torbogen, der durch das Gebäude hindurchführte, verband die Domstraße mit dem Kürschnerhof. 1894 wurde der Gerichtskomplex abgerissen. Die Häuserzeile auf der gegenüberliegenden Seite blieb erhalten. Die Aufnahme von 1910 zeigt einen schönen Blick darauf.

Blick in die Domstraße.

Die Domstraße in Richtung Dom mit dem Vierröhrenbrunnen (rechts).

Prächtige Geschäftshäuser säumen die Straße.

Domstraße

Die Domstraße ist die älteste Straße der Stadt und führt vom Grafeneckart zum Dom. Sie war Marktstraße und Mittelachse des mittelalterlichen Würzburgs. Seit 1328 wurden hier Jahrmärkte abgehalten. Wie am Kürschnerhof standen auch hier Buden und Stände der Handwerksmeister und fliegenden Händler. Die Kiliani- und die Allerheiligenmesse fanden ebenfalls hier statt. Am Sternplatz in der Mitte der Domstraße war lange Zeit der Fischmarkt.

In den 1730er-Jahren erhielt Würzburg eine Wasserleitung nach Plänen Balthasar Neumanns, um damit Brunnen zu speisen und so die Einwohner mit Wasser zu versorgen. Besonders reich ausgestattet wurde der Hauptbrunnen vor dem Rathaus, der Vierröhrenbrunnen.

Würzburg
Domstraße mit Dom.
Loden.

Würzburg
Domstraße.
ilberwaren
chart.

Blick von der Augustinerstraße auf das Rathaus.

Beim Grafeneckart

Der Platz mit dem Rathausturm wurde nach dem bischöflichen Schultheißen und Burggrafen Eckart benannt, der um 1200 lebte. Der linke Teil des Grafeneckart, der zurückversetzte sogenannte Rote Bau, wurde um 1660 nach Plänen von Philipp Preiß und Sebastian Villinger erbaut. Durch das Portal gelangt man ins Innere des Rathauses. Der Grafeneckartturm ist zum Wahrzeichen der Stadt geworden und war schon immer Mittelpunkt der Stadt. Über viele Jahrhunderte hinweg bewahrte sich der Turm sein markantes Äußeres. Er stand an seinem Platz, lange bevor der Ring der Bastionen die Stadt umzog. Die Fassade des Turms ziert ein grüner Baum. Dieses Gemälde erinnert an eine Linde vor dem Gebäude, unter der ab dem Jahr 1030 im Auftrag des Bischofs Gericht gehalten wurde. Der Graf von Henneberg war als Burggraf sowohl Richter des Zentgerichts am Brückengericht des Mains als auch Richter des bürgerlichen Gerichts am Grafenbann.

Auf dem Platz vor dem Rathaus steht der Vierröhrenbrunnen, der ein besonderes Kunstwerk darstellt. Der Brunnen wurde 1766 errichtet. Aus dem massiven Sockel, an dessen Ecken vier Delphine Wasser speien, wächst ein Obelisk heraus, der von vier allegorischen Figuren umgeben ist. Sie stellen die vier Kardinaltugenden dar, Tapferkeit, Weisheit, Mäßigung und Gerechtigkeit. Gekrönt wird das Ganze von einer Statue der Frankonia mit Herzogshut, Schwert und Fahne. Der Brunnen hat den Zweiten Weltkrieg unbeschadet überstanden.

Augustinerstraße

Die Augustinerstraße führt vom Grafeneckart bis zur Kreuzung Neubaustraße/Wirsbergstraße. In der Augustinergasse, heute Augustinerstraße, befand sich der Schultheißhof, auch Mordhof genannt. Die Augustinergasse war 1453 die erste Gasse, die gepflastert wurde.

An der Ecke zur Wohlfahrtsgasse stand das sogenannte Ehemannhaus. Am Hinterhaus erstreckte sich über beide Obergeschosse eine herrliche Fachwerkornamentik. Im Zweiten Weltkrieg weitgehend zerstört, wurde das Gebäude im Zuge einer Straßenverbreiterung vollständig entfernt.

Das Rathaus mit Grafeneckartturm, davor der Vierröhrenbrunnen.

Um 1910 fährt auch schon die Straßenbahn durch die Augustinerstraße.

Straßenansicht mit Stadthäusern und Neubaukirche.

Neubaustraße

Die einstige Prachtstraße ist die direkte Verbindung zwischen der Residenz und dem Mainufer. Als Fürstbischof Julius Echter von Mespelbrunn die Universität und die Universitätskirche errichten ließ, erhielt die Straße ihren Namen. Die Kirche wurde von Georg Rubin entworfen und 1591 eingeweiht. In der Neubaustraße waren einst viele Handwerker wie Schmiede oder Wagner ansässig. In der Zeit von 1721 bis 1737 entstanden hier prächtige Bürgerhäuser mit schmuckvollen Fassaden. Hier einige Beispiele: Nr. 6 war ein Bürgerhaus mit Sandsteinfassade, Nr. 7 der Hof zum Rebstock mit sehr schöner Stuckfassade. Nr. 8 bis 14 sind dreigeschossige Bürgerhäuser mit Sandsteinfassaden im Barockstil. Diese Häuser erlitten starke Kriegsschäden, wurden aber nach historischer Vorlage wiederaufgebaut. Im Haus Nr. 12 befindet sich heute das Stadtarchiv.

An der Neubaustraße findet man auch den von Balthasar Hinrich Nickel um 1783 geschaffenen Ceresbrunnen. Auf dem Postament steht Ceres, die Göttin des Ackerbaus und der Fruchtbarkeit.

In der Neubaustraße 2 war ein Handwerksbetrieb untergebracht.

Vorbei an der Baumallee eröffnet sich ein großartiger Blick zur Festung.

Blick in die Semmelstraße, eine typische Geschäftsstraße.

Semmelstraße

Vor dem Ersten Weltkrieg hieß die Semmelstraße, die zu den ältesten Straßen Würzburgs zählt und bereits in einer Urkunde von 1253 erwähnt wird, noch Semmelgasse. Die einstige Semmelgasse zog sich vom Spitteltor zum Bürgerspital. Eine Besonderheit ist der ehemalige Hauger Stiftshof Gambertshof, ein Musterbeispiel des Petrini-Stils. Der Hof wurde 1945 zerstört, doch die Fassade blieb erhalten. Dem Weinhändler Loos ist es zu verdanken, dass das Gebäude wiederaufgebaut wurde.

Die Semmelstraße und ihre Gasthäuser sind über die Stadtgrenzen hinaus bekannt. Alljährlich wird hier die Semmelstraßenkirchweih, auch „Zwiebelkerwe" genannt, gefeiert. Nach altem Brauch werden die Kreuzbergwallfahrer empfangen und es wird ein Fest gefeiert, zu dem die Bäcker Zwiebelkuchen backen und die Metzger Bratwürste brutzeln.

Die Semmelstraße ist nach wie vor die Hauptader des Hauger Viertels. Ein Großteil der historischen Häuser wurde im Zweiten Weltkrieg zerstört.

Die Ludwigstraße um 1905.

Ludwigstraße

Benannt wurde die Straße 1868 nach König Ludwig II. von Bayern. Hier befand sich der Ludwigsbahnhof, der an der von 1844 bis 1854 gebauten Ludwigs-Westbahn lag. Als der Kopfbahnhof das steigende Verkehrsaufkommen nicht mehr bewältigen konnte, wurde ein neuer Bahnhof an einer anderen Stelle gebaut. Die Stadt Würzburg erwarb 1871 die Anlagen des ausgedienten Ludwigsbahnhofs. Eine Kommission erarbeitete einen Stadtentfestigungsplan. Zu den beabsichtigten Durchbrüchen gehörte auch der über den alten Bahnhof zur Schweinfurter Straße, die spätere Ludwigstraße. Die Ladehalle am Bahnhofsgebäude wurde abgebrochen und auf der ehemaligen Bahnstrecke entstand die Ludwigstraße mit großzügigen Häusern.

Die Rückseite des alten Bahnhofs, rechts verläuft die Ludwigstraße.

Alter Bahnhof und Ludwigshalle

Der Ludwigsbahnhof war der erste Würzburger Bahnhof. Von 1853 bis 1856 wurde das von Gottfried von Neureuther entworfene imposante Bahnhofsgebäude an der Stelle der ehemaligen Kartause Engelgarten gebaut. Im Inneren befand sich eine Empfangshalle mit Wartesaal und Gastronomie. Die Eröffnung des Bahnhofs fand am 1. Juli 1854 statt. Der König kam in einem Salonwagen mit dem ersten einfahrenden Zug zu den Feierlichkeiten. Der Bahnhof war jedoch nur bis 1864 in Betrieb. 1871 kaufte die Stadt den ausgemusterten Bahnhof zur Nutzung für verschiedene Zwecke. Im Frühjahr 1914 fand eine Gartenausstellung und im Sommer 1917 die Luftkriegsausstellung statt. Weinfeste und gastronomische Veranstaltungen wurden ebenfalls durchgeführt. Nach dem Zweiten Weltkrieg war die Ludwigshalle nur noch ein Fragment.

Das Gebäude des alten Bahnhofs wurde später als Ludwigshalle genutzt.

Frontansicht des alten Bahnhofs um 1920.

Diese Ansicht zeigt das alte Theater mit Restaurant.

Altes Theater

Das Theater befand sich im ehemaligen Stift Anna, das von Balthasar Neumann 1750 errichtet worden war. 1803 wurde das Stift aufgegeben und das Theater zog ein, 1804 wurde es eröffnet. Es hatte eine elliptische Form und verfügte über zwei Logenreihen sowie eine Galerie. Insgesamt hatten ca. 800 Personen Platz. Zum Gebäudekomplex gehörten das Theaterrestaurant und das Theatercafé, das ein Drittel des Vestibüls einnahm. Das geranienumrankte Café nutzten viele Studentenverbindungen als ihr Kneipenlokal.

Das erste aufgeführte Schauspiel trug den Titel „Stille Wasser sind tief“. 1832 wurde hinter dem Theatergebäude ein Ballsaal mit Durchfahrt gebaut. Die Würzburger waren theaterfreudig, sodass das Haus sehr oft ausverkauft war. 1833 kam Richard Wagner nach Würzburg. Als Chordirektor komponierte er hier sein Erstlingswerk „Die Feen“.

Theaterstraße

Die Häuser mit den Nummern 2 bis 16 wurden 1715 erreichtet und gingen in ihrer Bauweise auf Balthasar Neumann zurück. An der Ecke Theaterstraße/Eichhornstraße befand sich das 1741 von ihm erbaute Haus für den Mundschenk Klimmer. In der vornehmen Theaterstraße war auch das Stift St. Anna zu finden, wo einst wilder Wein über die Mauern wuchs.

Hier ist die Ecke Theaterstraße/Ludwigstraße zu sehen.

Theaterstraße in Richtung Barbarossaplatz, Ansichtskarte von 1909.

Blick auf die noch unzerstörte Stadt um 1936.

Blick von der Festung auf die Stadt um 1936.

Würzburger Altstadtflair aus vergangenen Tagen

Die seltenen Stereofotos zeigen die Stadt Würzburg in einmaliger Weise. Die Stadt wurde früher „Barockstadt Frankens" genannt. Die Dächer strahlen eine gewisse Gemächlichkeit aus. Auch ist ein Reiz des Historischen zu erkennen. Das Gewirr von Straßen und Gassen ist ein typisches Merkmal der Altstadt. Die Gassen wurden nach dem Zweiten Weltkrieg nicht breiter, sondern blieben meistens so, wie sie vor dem 16. März 1945 waren. Vieles in den alten Gassen ist auch heute noch sehenswert.

Höfe, Wohnhäuser und Gassen

Die Katzengasse liegt im Mainviertel und verbindet die Zellerstraße mit der Dreikronenstraße. Der Name „Katzengasse" hat nichts mit Katzen zu tun, sondern ist auf die Katzenschleuder, eine Steinschleuder, zurückzuführen, die während der Belagerungszeit eingesetzt wurde. Auf dem um 1930 entstandenen Foto ist links das bekannte Lokal „Schiffbäuerin" zu erkennen. Das 1625 errichtete Fachwerkhaus brannte 1945 nieder. Es wurde mit einer Fassade wiederaufgebaut, die der des vorhergehenden Baus entspricht.

Der Holzmarkt am Mainkai befand sich über Jahrhunderte an dieser Stelle. Hier wurde Brennholz gelagert sowie Güter aller Art umgeschlagen. Am nahen Mainufer konnten die Schiffe anlegen. Die Kärrner transportierten Holz mit zweirädrigen, mit einem Pferd bespannten Fuhrwerken von der nahegelegenen Gasse zum Abladeplatz. Die Bezeichnung Kärrner kommt von Karren.

Diese Aufnahme zeigt das Burkarderviertel mit der Festung Marienberg um 1930. Früher gab es hier die Kanalmühle und die Burkardusmühle, beide sind nicht mehr vorhanden. Ebenso existiert der Burkardushof, der ehemalige Konvikthof der Vikare von St. Burkard, nicht mehr. Die Kirche St. Burkard gibt es noch. In der Burkarderstraße 24 befand sich früher ein Waisenhaus, das 1659 seinem Zwecke übergeben worden war und Kriegswaisenkinder aufnahm. Später wurden dort auch Findelkinder untergebracht.

Der Hof Wolfhart mit schönem Innenhof in der Sterngasse 12 um 1910. Die dicken Fensterrahmen des aus der Nord-Ost-Ecke des Hofs aufsteigenden Treppenturms lassen auf eine Erbauung um 1900 schließen. Um dem Hof ein prächtiges Aussehen zu geben, verband der Ratsherr Johann Wolfgang Strigler 1661 den Nord- und Südflügel durch einen Übergang, der zum Hof hin mit einer Balustrade abgeschlossen wurde. Heute existiert das Anwesen nicht mehr.

Die heutige Tellsteige hieß früher Schloßgasse und vorher Hofgasse. Sie war der schnellste Weg von der Stadt zum Marienberg mit der Festung. Im Jahre 1330 soll sie einem alten Kataster zufolge Bräuhausgasse geheißen haben, benannt nach dem früheren fürstbischöflichen Brauhaus, das sich hier befand. Aufnahme um 1915.

Die Bärengasse war ein für Würzburg typischer malerischer Winkel. Sie befindet sich in der Pleich mit der Pfarrkirche St. Gertraud. Ihr Name stammt von dem „Haus zum Bären". Aufnahme um 1915.

Vor der Zerstörung 1945 befanden sich im Ingolstadter Hof neben Wohnungen kleine Läden und Handwerksbetriebe. Der Hof hatte zwei Eingangsbereiche, nämlich von der Spiegelstraße und der Domerpfarrgasse. Der Weg ins Innere führte durch einen Torbogen. Die verschiedenen Gebäude des Ingolstadter Hofs dienten ab 1914 der Krankenkasse. Von der historischen Bebauung ist heute nichts mehr erhalten. Aufnahme um 1909.

Die Wolfhartsgasse verbindet die Augustinerstraße mit der Franziskanergasse. Hier befanden sich neben dem Hof zum Wolfhart einst noch folgende Höfe: Hof Halsbrunn, Hof Bleichfeld, Hof zur Frau Gobel, Hof zur hinteren Sauerschnecke und Hof Nieder-Frankfurt. Der Hof zum Wolfhart grenzte an das Wohnhaus von Balthasar Neumann in der Franziskanergasse. Der Hof Bleichfeld hatte einen schmucken Innenhof mit barocken Arkaden mit Terrassen und Brüstungen, gotischen Vorhangfensterchen und einem eingemauerten Treppenturm. Aufnahme um 1930.

Der Zinkhof zweigt zwischen den Häusern Nr. 12 und 14 von der Augustinerstraße ab. Der Straßenname geht auf den Mundschenkhof „Hof zum Zinken" zurück. Im verwinkelten Eck des Zinkhofes hatten früher Handwerker in schönen Fachwerkhäusern ihr Domizil. Auf der historischen Aufnahme ist das Anwesen des Malers Karl Thoma gut zu erkennen. Foto um 1920.

Vor den schmalbrüstigen Häusern der Kärrner mit ihren Dachgalgen standen das ganze Jahr über die Karren mit den bauchigen Weinfässern. In der Kärrnergasse hatte früher jedes Haus einen Namen, so zum Beispiel das Haus zum roten Tor, zum Gatter, zum kleinen Christopel, zum Hollerstock oder zum Seitenbeutel. Die Romantik der Gasse ist 1945 leider komplett verschwunden. Ansichtskarte von 1909.

Das Holztor wird bereits 1280 erwähnt. Das Mainufer vor dem Holztor diente als Holzmarkt, der sich am Ufer entlang bis zum nahegelegenen Mühltor ausbreitete. Hier wurden große Mengen an Brennholz gelagert. Um stets einen Vorrat zu haben und keinen Wucherpreisen ausgesetzt zu sein, unterhielt der Rat am Mainufer eine Holzniederlage. Aufnahme um 1910.

Unterhalb der Festungsmauern gibt es drei Felsengassen, die besonders eng sind. In den keinen Häusern wohnten die ärmeren Leute. Um etwas mehr Platz zu schaffen, wurden Schuppen angebaut. Die Aufnahme zeigt die Zweite Felsengasse um 1908.

Der Weg, der zwischen „Café Michel" und Falkenhaus hindurchführt, heißt Hahnenhof. Der Name geht auf die Familie Hahn zurück. Die Häuser Nr. 1 und 2 bildeten den Hof Kürnach und im Norden befand sich der Sandhof (heute Kaufhof). Die malerischen Häuser, die sich hier gruppierten, sind durch Kriegseinwirkung verschwunden. Aufnahme um 1915.

Die Ursulinergasse verbindet die Wolfhartsgasse mit der Neubaustraße. Den Namen trägt die Gasse seit der Zeit, als es den Ursulinen in der Eichhornstraße zu eng wurde. 1725 kauften die Ursulinen das Antoniterkloster mit Kirche und Hof. Die Kirche wurde im selben Jahr umgebaut. In der Ursulinergasse befanden sich zudem der Hof zum großen Probst Gerlach und der Hof Eichsfeld. Aufnahme um 1915.

In der Neubaustraße 64 befand sich das Handwerkerhaus von Robert Höhn. Aufnahme vor 1945.

Die Bergmeistergasse verbindet die Obere Johannitergasse mit der Elefantengasse. In dieser Straße stand bis 1945 der Bergmeisterhof. Das Haus Nr. 4 von Joseph Wegmann, ebenfalls ein Handwerkerhaus, zeichnete sich durch ein schönes Fachwerk aus und ein mächtiger Torbogen schmückte den Eingang mit einer Steinstiege und einem Geländer. Aufnahme vor 1945.

Der Name der Münzstraße stammt von der einstigen Münzprägeanstalt. Den Würzburger Bischöfen wurde das Münzrecht bereits im 11. Jahrhundert verliehen. Es wurden Silberne Denare geprägt. Vor den Bischöfen hatten die Kaiser Würzburg als Münzstätte genutzt. In der Münzstraße stand das Sanderbräuhaus, die älteste Privatbrauerei der Stadt. Das abgebildete Geschäft befand sich in der Münzstraße 15. Aufnahme vor 1945.

Namensgeber für den Inneren Graben ist der hier verlaufende Graben an der ehemaligen Stadtmauer. Der Innerer Graben liegt inmitten der Altstadt. Früher standen hier sehr viele Höfe und Häuser der Bürgerschaft. Aufnahme vor 1945.

15

Das Wohn- und Geschäftshaus des Schreinermeisters R. Knobling in der Oberen Johannitergasse 11, aufgenommen vor 1945. Der Name dieser Straße geht auf den Johanniter-Ritterorden zurück, der seit 1125 in Würzburg beheimatet war. Früher befand sich in der Gasse der „Gasthof zum Pelikan".

Diese Aufnahme aus der Zeit vor 1945 zeigt ein elegantes Mehrfamilienhaus in der Pleicherglacisstraße, der Verbindungsstraße von der Veitshöchheimer Straße zum Bahnhof. Die Straße wurde 1915 anlässlich des 100. Geburtstages von Fürst Otto von Bismarck in Bismarckstraße umbenannt.

Diese vor 1945 entstandene Aufnahme zeigt das Atelier von Herrn Sell in der Oberthürgasse 15. Die vom Barbarossaplatz abbiegende Oberthürgasse erinnert an den Professor Franz Oberthür, der ein fortschrittlicher Begründer des Würzburger Schulwesens war. In der Oberthürgasse befand sich sein Wohnhaus. Heute ist hier eine Erinnerungstafel angebracht.

In der Dettelbachergasse 9 stand früher der sogenannte Bauernhof, einer der schönsten und eigenartigsten Höfe Würzburgs. Im Inneren des Hofes gab es eine Wendeltreppe und große Balkone. Das Anwesen befand sich an der Ecke zur Marktgasse und gehörte der Familie Bauer von Eiseneck, nach der der Hof benannt wurde. Aufnahme vor 1945.

Der Hof zum roten Rößlein in der Neubaustraße 36 wurde im 14. Jahrhundert nach der Familie zum Rosse benannt. Der Innenhof des Gebäudes ist markant. Die Aufnahme zeigt die gewölbte Durchfahrt mit einer Treppe, die zur Veranda führt. Die Wohnräume waren in den oberen Stockwerken untergebracht.

Das „Restaurant zum Nonnen-Hof", eine typische Würzburger Gaststätte, in der Franziskanergasse 8. Die Franziskanergasse und der Franziskanerplatz umschließen die Franziskanerkirche und das Kloster. In der Gasse wohnten bekannte Würzburger Persönlichkeiten: In der Franziskanergasse 2, dem Hof Oberfrankfurt, wohnte Balthasar Neumann und im Hof Wolfmannszichlein in der Franziskanergasse 1 Tilman Riemenschneider.

Gaststätten und Restaurants

Auf den folgenden Seiten werden Gastwirtschaften vorgestellt, die es in dieser Form nicht mehr gibt.

Der Sandhof um 1900.

Sandhof

Der Sandhof befand sich an der Ecke Maulhardgasse/Schönbornstraße. Urkundlich wird der Sandhof erstmals 1277 erwähnt. Besitzer war die Patrizierfamilie vom Sande. Als diese Ende des 14. Jahrhunderts ausgestorben war, wechselte der Hof oftmals die Besitzer, die mal adelig, mal bürgerlich waren. Um 1896 wurden die Sandgasse und die Schönbornstraße verbreitert und verändert. In dieser Zeit wurde der Sandhof gründlich in seiner Form der Renaissance restauriert. Erker, Zwiebelgiebel, Portale und Turm – alles wurde renoviert und darin ein Weinhaus eingerichtet. Das Prunkstück der Weinwirtschaft Sandhof war der Georgssaal mit seiner kunstvoll gestalteten Stuckdecke. Das Jagdzimmer war ganz in Holz gehalten. Im ersten Stock befanden sich die Familienzimmer für kleinere Gesellschaften. 1898 fand die Einweihung der Weinwirtschaft mit Hof und einer Laube statt.

1945 wurde der Sandhof komplett zerstört und nicht wiederaufgebaut. Ein großer Teil des Anwesens gehört heute zum Kaufhof-Areal.

Der Georgssaal.

Das Familienzimmer.

In der Theaterstraße 7 unweit vom Würzburger Theater befand sich die Restauration „Zum Bratwurstherzle". Der Besitzer warb mit vorzüglicher Küche und reinen Schoppen sowie Flaschenweinen. Am Abend wurde mit der Gitarre musiziert.

Die Bäcks

Eine Besonderheit Würzburgs sind die „Bäcks". Das waren spezielle Weinstuben, in denen ein Bäcker Wein seines eigenen Weinbergs ausschenkte. Es wurden kleine Speisen angeboten, der Gast konnte aber auch Speisen mitbringen, Teller und Besteck wurden ihm kostenlos zur Verfügung gestellt.

Ein Spruch von 1911 besagt:
Wie ist der Abend goldig heiter!
Brückenbäck, Stachel und Himmelsleiter
reichen uns feurigen Most und heurigen Wein.
Doch der Römer sei niemals zu klein,
und die blonde Schenkin sei so auch nicht zu alt,
wie der Bocksbeutel rund und doch nicht so kalt.

Am Brückenaufgang, wo heute ein Kaufhaus steht, befand sich bis 1945 die Weinstube „Zum Brückenbäck". Das Lokal war ein beliebter Treffpunkt für Studenten. Die Wände waren mit typisch studentischen Bildmotiven geschmückt.

Das Gasthaus „Zum Augustiner" in der Oberthürstraße war ein beliebter Treffpunkt alteingesessener Würzburger. Hier wurde Schafkopf gespielt und eine Maß Bier getrunken und die Neuigkeiten vom Tage wurden diskutiert.

1911 tagte in der Weinstadt Würzburg der Weinbau-Kongress. Am 10. September wurde für die Kongressteilnehmer eine Weinprobe im Weinkeller von „Schloss Steinburg" dargeboten. Das Restaurant mit Blick auf die Stadt war 1897 errichtet worden.

Weinprobe

Eine Weinprobe sollte nach folgenden Regeln ablaufen: Den Anfang markieren leichte Tisch- und Schoppenweine, gefolgt von fülligen Weinen. Dann kommen Spät- und Auslesen. Den Höhepunkt bilden Beeren- und Trockenbeerenauslesen. Nun kehrt man zu leichten, herben Weinen zurück. Die Gläser sollten höchstens zu einem Drittel gefüllt werden, damit sich das Aroma entfalten kann, was das Schwenken des Glases beschleunigt. Zwischen den Weinen reicht man Brot, Käsehappen und Wasser. Auf scharfe, würzige und deftige Menüs sollte man verzichten.

Platz'scher Garten

Würzburg war eine Festungsstadt. Außerhalb der Festungsmauern durfte kein Wohnhaus gebaut werden. Der Konditormeister Friedrich Platz erhielt 1826 die Sondergenehmigung, ein Gartenlokal zu eröffnen. Östlich der Hofgartenmauer entstand ein geschmackvolles Gebäude mit großem Saal. Die Harmoniegesellschaft nutzte das Anwesen zu den Feiertagen für musikalische Veranstaltungen. Außerdem fanden vom 1. April bis 1. Oktober zehn Tanzgesellschaften statt.

Die Außenansicht des Platz'scher Gartens mit sehr gepflegter Gartenanlage um 1905.

Im Saal wurden Tanzveranstaltungen und Nachmittagstees veranstaltet, aber auch kleine Theateraufführungen konnten hier stattfinden.

MAIN-CAFÉ
RESTAURANT MAIN-CAFÉ

Blick auf die überdachte Terrasse.

Das Restaurant „Main-Café“ bot dem Besucher eine reichhaltige Speisenkarte an. Insbesondere Fischgerichte standen auf der Tageskarte. Auf der Terrasse konnte der Gast Kaffee und Kuchen genießen.

Fisch

In Würzburg wird zu jeder Jahreszeit Fisch gegessen. Im Adressbuch für Würzburg von 1806 werden immerhin 35 Fischer genannt. Auf dem Fischmarkt gab es alle Arten von Süßwasserfischen aus dem Main zu kaufen. In den Wein- und Fischhäusern der Stadt, die überwiegend am Main lagen, wurden die verschiedensten Fischgerichte angeboten. Eine regionale Spezialität sind zum Beispiel „ Meefischli“, die mit Kopf und Schwanz mit den Fingern gegessen werden.

Wein&Fisch-Haus
Weinwirthschaft M. Berger.

Das „Wein- und Fischhaus Berger" befand sich an der Ecke Alte Mainbrücke/Burkarderstraße. Das Gebäude hatte einen hohen Stufengiebel. Aus den Fenstern bot sich ein schöner Ausblick auf den Main mit den Schiffen und Flößen. Auf der Speisekarte stand überwiegend Fisch in allen Variationen und der Wirt verstand es, Wein passend zum Fisch zu empfehlen.

Am Sternplatz befand sich das „Café König". Hier hielten die Damen im ersten Stock ihre Kaffeekränzchen ab. Zimtsterne und Haselnuss-Makronen waren damals ein beliebtes Gebäck. Hörnchen zum Kaffee blond oder schwarz waren auch gefragt. Weiterhin boten die Konditoren Pfeffernüsse und verschiedene Kuchen und Torten an. Eine Spezialität war der Blechkuchen. Im Erdgeschoss des Cafés konnte man sich mit Baisers, Schillerlocken und Schnittchen stärken.

Weinschorle

Wer an heißen Tagen arbeiten musste, suchte zur Abkühlung ein Getränk, das nicht so stark war wie Wein. So ereignete sich 1812 folgende Begebenheit. Der Herzog von Castiglione, den Napoleon I. 1812 zum Gouverneur der Festungen Frankfurt und Würzburg eingesetzt hatte, weilte in Würzburg. Er setzte sich abends in eine der Würzburger Weinstuben. Da ihm der Frankenwein zu kräftig war, ließ er sich auch Mineralwasser kommen und mischte seinen Wein halb und halb mit Wasser. Dann prostete er den Leuten mit dem Trinkspruch „Toujours l'amour" zu. Die Leute verstanden kein Französisch und murmelten daher als Antwort „Schurlemurle". Im Laufe der Jahre wurde daraus „Schorle".

In der Kaiserstraße 25 befand sich das beliebte Bier- und Speiserestaurant „Würzburger Hofbräu". Der Inhaber war Jos. Rohrwasser.

Bier

Bier war in Würzburg lange Zeit verachtet. Die Devise lautete, wer Bier trank, schädigte die Häcker oder auch die Stifte und Klöster, die Wein exportierten oder gegen andere Weine tauschten. 1343 wurde Bier, das von außerhalb eingeführt wurde, mit einem hohen Zoll belegt. 1643 wurde unter dem Fürstbischof Johann Philipp von Schönborn eine Brauerei gegründet. Die Brauerei war in der Zeit der Fürstbischöfe eine sprudelnde Einnahmequelle. Von 1793 bis 1795 wurde die Braustätte vergrößert, denn das Bier wurde nun gerne getrunken. Ab 1882 hieß die Brauerei Brauhaus AG und seit 1934 heißt sie Würzburger Hofbräu AG.

Der „Hofbrauhauskeller". Diese Ansichtskarte aus dem Jahr 1906 zeigt die Brauerei mit Biergarten an der Höchberger Straße. Das Brauereigelände ist noch dünn besiedelt.

Der Biergarten, aufgenommen 1912.

Außenansicht des „Russischen Hofes" mit Terrasse sowie die Empfangshalle.

Die prachtvollen Innenräume.

Hotel „Russischer Hof"

Das Hotel war ein Barockbau aus dem 18. Jahrhundert. Es lag an der Ecke Theaterstraße/Barbarossaplatz. Der Gebäudekomplex bestand ursprünglich aus mehreren Häusern, aus dem Gasthof „Zum Fränkischen Hof", „Zum Straus" und „Zum goldenen Löwen". Mitte des 19. Jahrhunderts wurde das Arsenal zusammengefasst und als „Hotel de Russie" eröffnet. Reiche russische Familien standen damals auf der Gästeliste, daraus leitete sich der Name „Russischer Hof" ab. Der Besitzer Wilhelm Dippe baute das Hotel ab 1924 komplett um. Es entstanden Konferenz- und Festsäle, Salons und Restaurants. Für Übernachtungsgäste waren 120 Hotelzimmer mit 160 Betten, davon 40 mit Privatbad, vorhanden. Heute steht an dieser Stelle ein nüchterner Bürokomplex.

Festsaal

Restaurant

3

Ereignisse

Flugsport

Um den Anschluss an die internationale Entwicklung der Fliegerei nicht zu verlieren, wurden in Deutschland Interessengemeinschaften ins Leben gerufen. In Würzburg hatte die unterfränkische Sektion der Arbeitsgemeinschaft zur Förderung von Flugsport und Flugtechnik ihren Sitz. Der Vorsitzende war Hauptmann Heinrich Nopitsch. Bis 1924 hatte er von vermögenden Gönnern wie Kommerzienrat Windhagen aus Kitzingen so viele Mittel erhalten, dass das Projekt Fliegerschule Würzburg verwirklicht werden konnte.

Auf dem Kürnachberg wurde mit dem Bau einer Flugzeughalle begonnen und der erste Fluglehrgang aufgestellt. Die 30 Flugschüler waren in der Faulenbergkaserne untergebracht. Leiter der Fliegerschule war Heinrich Nopitsch, Fluglehrer war der bekannte Segelflugpionier Willy Pelzner. Er betrieb in den frühen 1920er-Jahren auf der Wasserkuppe in der Rhön Gleitflug im Stile Otto Lilienthals. Der Gleitflug nach Art von Lilienthal und Pelzner ist heute als Drachenflug bekannt. Der Gleitflug war als Vorschulung zum Motorflug gedacht und sollte den Flugschülern fliegerisches Gefühl vermitteln.

Am 20. Juni 1924 wurde die Fliegerschule feierlich eingeweiht. Kronprinz Rupprecht von Bayern wurde als Ehrengast empfangen. Es gab die Gelegenheit, an einem Rundflug über Würzburg teilzunehmen, die Oberbürgermeister Dr. Hans Löffler und Regierungspräsident Julius Ritter von Henle gerne ergriffen.

Vom 17. Juni bis 15. Juli 1917 fand die Kriegs-Luftfahrt-Ausstellung in der Ludwigshalle statt.

Vorne ist ein Schulflugzeug vom Typ „Traube" zu sehen. Hinten rechts ist eine Maschine des Typs „Pfalz Parasol" zu erkennen.

Zeppelin über der Residenz im Jahr 1929.

Während Umbau
Loden.

Würzburg, Karmelitterstr.
Hochwasser, 6.-8. Febr. 1909.
Zahn-Atelier
Leininger
Lager-Haus
Kinderwagen. Korbfabrik J. Kuhn.

Im Januar und Februar 1909 lag über der Stadt Würzburg eine Schnee- und Regenfront. Dauerregen und Tauwetter führten dazu, dass der Main über die Ufer trat. Das Wasser stand in der Domstraße bis zum Vierröhrenbrunnen (oben). Der höchste Pegelstand wurde am 7. Februar mit 760 Zentimetern gemessen. Auch die Karmelitenstraße (unten) stand vollständig unter Wasser.

Hochwasser in der Büttnerstraße beim „Hotel Schwanen" 1920. Der Winter 1919/20 mit starken Schneefällen in den Mittelgebirgen und dem anschließenden Tauwetter sorgte in Würzburg erneut für Hochwasser. Am 16. Januar 1920 wurde der höchste Wasserstand erreicht, der Pegel betrug 721 Zentimeter.

Hochwasser

Tauwetter in den Mittelgebirgen und starke Regenfälle führten immer wieder dazu, dass der Main über die Ufer trat. Am 25. Februar 1979 betrug der Pegel 669 Zentimeter. Das Wasser des Mains reichte bis an die Obergrenze der Alten Mainbrücke. Die Stadt Würzburg hat in den letzten Jahren den Hochwasserschutz stark gefördert. Neben Schutzmauern und mobilen Wänden wurden bis 2012 Maßnahmen getroffen, um erneuten Hochwassern entgegenzuwirken.

Der Kilianifestplatz befand sich 1910 auf dem Sanderrasen.

Kilianifest

„Kiliani" steht für die Würzburger für das zweiwöchige Kiliani-Volksfest auf der Talavera und die Kilianimesse auf dem Marktplatz. Bereits 1030 genehmigte Kaiser Konrad der Ältere die Messe. Sie wird zu Ehren des fränkischen Schutzpatrons, des Heiligen Kilians, gefeiert.

Die Verkaufsmesse fand jedes Jahr im Juli auf der Juliuspromenade statt, musste aber während eines Straßenumbaus hinter den Dom umziehen und fand schließlich einen neuen Standort am Oberen Markt. Heute erstreckt sie sich großflächig vom Marktplatz über die Eichhornstraße bis zur Spiegelstraße. Das vielseitige Sortiment von Haushaltsartikeln bis Textilien bietet für jeden etwas. Speis und Trank runden das Angebot ab.

Das geschichtsträchtige Kilianifest läuft folgendermaßen ab: Die 16 Tage und halben Nächte werden am ersten Samstag im Juli mit einem Festzug zur Talavera eröffnet, in einer Kutsche sitzen die Festwirtin Anneliese, der das Bierzelt gehört, und der Oberbürgermeister, der das erste Fass Bier, abwechselnd vom Hofbräu oder Bürgerbräu gestellt, anzapft. Dann wird von 60 Bedienungen fleißig ausgeschenkt. Der Preis für eine Maß Bier stieg von 2 DM im Jahr 1977 auf mittlerweile 8,95 Euro. Riesenrad, Achterbahn, Karussells und Kinderfahrgeschäfte heizen das Vergnügen an. Es werden Seniorennachmittage oder Familientage mit verbilligten Preisen angeboten. Ein weiterer Höhepunkt des Kilianifestes ist das Feuerwerk, das am zweiten Samstag stattfindet.

Marktstände der Kilianimesse auf dem Marktplatz.

Kilianiumzug mit festlich geschmückten Gruppen.

Die Pferdebahn auf dem Bahnhofsvorplatz um 1894.

Geschichte der Straßenbahn

Am 30. April 1892 nahm die erste Pferdebahn ihren Dienst auf. Die Strecke führte vom Bahnhof zur Sanderau. 1893 wurde eine weitere Strecke vom Dom zum Friedhof freigegeben. 1900 wurde die Straßenbahn elektrifiziert.

Die erste Strecke der „Elektrischen“ führte vom Bahnhof über die Kaiserstraße, Theaterstraße und den Residenzplatz zur Sanderglacisstraße. Weitere Strecken folgten.

Am 7. September 1900 wurde die Pferdebahn schließlich eingestellt. Am 8. Juni 1901 wurde die Straßenbahnlinie von der Sanderstraße zum Steinbachtal dem Verkehr übergeben. Das Steinbachtal war ein beliebtes Ausflugsziel der Würzburger. 1909 konnte man bereits über die Grombühlbrücke in den Stadtteil Grombühl fahren.

Als die meisten Männer im Zweiten Weltkrieg an den Fronten waren, wurden die Frauen im Straßenbahndienst eingesetzt. Am 16. März 1945 trafen die Bomben die Straßenbahnwagen schwer, lediglich ein Zug blieb ohne Schäden. Nach dem Krieg wurden die Fahrzeuge wiederhergestellt und gebrauchte aus anderen Städten hinzugekauft, sodass bald wieder Bahnen durch die zerstörte Stadt fuhren. Bereits 1950 konnte das Straßenbahnnetz wieder voll befahren werden.

Die Straßenbahn fährt durch die Ruinenstadt. Foto um 1945.

Im Jahr 2021 fahren in Würzburg fünf Straßenbahnlinien.

Linie 1: Sanderau–Hauptbahnhof–Grombühl
Linie 2: Hauptbahnhof–Zellerau
Linie 3: Hauptbahnhof–Heidingsfeld–Heuchelhof
Linie 4: Sanderau–Zellerau
Linie 5: Rottenbauer–Heuchelhof–Heidingsfeld–Hauptbahnhof–Grombühl
Eine weitere Linie ist zum neuen Stadtteil Hubland geplant.

Die Straßenbahnhaltestelle am Kürschnerhof, aufgenommen um 1930.

4

16. März 1945 – Der Tag der Katastrophe

Der 16. März 1945 war ein Freitag, es war Frühling und das Wetter war gut. Es herrschte Krieg, aber die Würzburger Bevölkerung war der Meinung, von größeren Schäden verschont zu bleiben. Die Tage verliefen in dieser Zeit wie folgt: Voralarm – Hauptalarm – Gang zum Luftschutzkeller – Entwarnung. Die Würzburger kannten diese Prozedur. Aber am Abend des 16. März sollte alles anders kommen: Um 17.00 und 18.00 Uhr starteten von London aus Flugzeugeinheiten, bestehend aus 600 Lancaster- und Mosquito-Maschinen der Royal Air Force, mit dem Ziel Süddeutschland. Kurz vor Würzburg teilte sich die Staffel. 380 Flugzeuge nahmen Kurs auf Nürnberg. In Würzburg wurde gegen 21.00 Uhr Vollalarm ausgelöst. Die Bomber Group Nr. 5, die Elite-Staffel der RAF, zerstörte mit 225 Lancaster- und 11 Mosquito-Bombern in einer speziell für Würzburg ausgearbeiteten Strategie die Stadt.

Gegen 21.25 Uhr setzte die RAF-Bombereinheit grüne Zielmarkierungsbomben. Anschließend erhellten weitere Leuchtraketen, auch Christbäume genannt, das Stadtgebiet. Rote Markierungsbomben steckten die Angriffsziele ab. Die 400 Tonnen abgeworfene Sprengbomben erzeugten einen enormen Druck, wodurch die Ziegel von den Dächern der Häuser fielen und die Fensterscheiben zerbrachen. 300.000 Stabbrandbomben mit Magnesiumfüllung lösten Einzelbrände aus, die sich rasch zu einem riesigen Feuersturm ausbreiteten. Die Brandhitze erreichte gegen Mitternacht 1.000 bis 2.000 Grad. Die Bombardierung dauerte 20 Minuten und die Stadt war ein einziges Flammenmeer.

Die Lage war hoffnungslos. Viele Menschen flüchteten zum Main, um sich vor dem Feuer zu retten. In dieser Nacht starben etwa 5.000 Menschen.

Diese Zeichnungen von Wilhelm Greiner zeigen die Zerstörungen in der Innenstadt.

5

Wie Phönix aus der Asche

Ruinen prägen das Stadtbild

Aufzeichnung aus der „Würzburger Chronik des denkwürdigen Jahres 1945“

Der Nordwind hatte inzwischen die gesetzten „Christbäume“ nach Südosten getrieben, wodurch anscheinend die Grenze der Zielfläche verschoben wurde und der Brandbombenregen auch in der äußeren Sanderau ziemlich dicht fiel, desgleichen im Frauenland, die Pleich hingegen teilweise verschont blieb. Schlagartig stand jetzt die Stadt mit Ausnahme einiger Viertel wie Dallenberg, Hindenburgsiedlung, Judenbühl, Mönchberg nach Beendigung des Angriffes in Flammen; rasch verschmolz die abgeworfene Petroleummasse zahlreicher Feuerstellen zu einem ausgedehnten Flächenbrand, sodass selbst das Straßenpflaster brannte und manches Haus nicht vom Dachstuhl her, sondern von unten nach oben hin dem Feuer zum Opfer fiel.

„Würzburg brennt! Rette sich, wer kann!“ In Windeseile flog diese Unglücksnachricht von Mund zu Mund, brach jäh die vielen, flehenden Gebete ab, riss Bunker und Kellertüren auf, trieb Frauen, Kinder, Greise, Volkssturmmänner und Soldaten aus der gefahrvollen

Blick über den Mainkai zur zerstörten Altstadt.

Der zerstörte Stadtkern mit der Festung im Hintergrund.

Geborgenheit der Luftschutzräume herauf in die brennenden Straßen, an flammenden Häuserzeilen, krachenden Zeitzündern vorbei und endlich, endlich hinaus nach dem Glacis, dem Main, den Weinbergen, den Ausgängen in die Dörfer der Umgebung. So suchte in kürzester Zeit fast die ganze Stadt ihr Heil in rettender Flucht, kämpften Menschen mit todesängstlicher Entschlossenheit gegen atemberaubenden Flammensog, schrien Kinder nach ihren Müttern, Mütter nach ihren Kindern, rief hier eine Frau in ihrer schwersten Stunde die Hilfe vorbeistürmender Mitmenschen an, jagte dort eine Schar wildgewordener Rosse in rasendem Galopp die Straße entlang, und trug da ein Priester das Allerheiligste wohlbehalten aus dem brennenden Würzburg.

Schadensbilanz I

Auszüge aus der „Würzburger Chronik des denkwürdigen Jahres 1945“:

Marienkapelle

Die Kirche am Marktplatz ist völlig ausgebrannt und das Dach hat starke Schäden. Der Turm mit dem Steinhelm blieb unversehrt. Die Grabdenkmäler und Steinreliefs wurden stark beschädigt. Viele Riemenschneider-Figuren sind zerstört.

Neumünster

Das Dach ist weggesprengt und die Kuppel ist unbekleidet. Der Kuppelraum im Inneren ist völlig ausgebrannt. Sämtliche Altäre und Gemälde wurden durch das Feuer vernichtet. Einen großen Verlust stellt die Zerstörung der Riemenschneider-Büsten der Frankenapostel dar.

Neubaukirche

Das Dach, das hölzerne Scheingewölbe sowie der Innenraum brannten vollkommen aus. Von dem Kirchenbau aus der fränkischen Renaissancezeit ist nur der Rohbau übrig geblieben.

Stift Haug

Die reiche Barockausstattung wurde zerstört. Weitere Gegenstände wie der Hochaltar von 1694, die Querhaus-Altäre, die Seitenaltäre, die Gemälde sowie die Kanzel fielen den Flammen zum Opfer. Das Gotteshaus ist eine ausgebrannte Ruine.

Die ausgebrannte Stadtlandschaft mit dem Turm der Marienkapelle.

Schadensbilanz II

Dom

Das Dach samt den vier Türmen ist abgebrannt. Das Gewölbe im Lang- und Querschiff sowie das Tonnengewölbe im Chor hielten dem Feuer stand. Der Chor und der Barockhochaltar mit den Säulen sind ausgebrannt. Der Domschatz ist ebenfalls als Verlust zu beklagen Das Feuer hat alle Kunstwerke im Dominneren zerstört.

St. Stephan

Die Kirche hat einen Volltreffer zu verzeichnen. Die Brandbomben haben ganze Arbeit geleistet. Es blieben nur noch die Umfassungsmauern übrig. Wind und Wetter geben dem Kircheninneren den Rest. Die romanische Westkrypta wurde ebenfalls zerstört, sodass Einsturzgefahr besteht.

St. Michael

Die Kirche aus dem späten 18. Jahrhundert ist komplett ausgebrannt. Das Feuer hat auch hier vor nichts Halt gemacht. Das Dach und der Turmhelm sind nicht mehr vorhanden.

Burkarduskirche

Der romanische Teil ist ausgebrannt. Durch die Bögen des Langhauses hat man einen Blick auf die beschädigte Festung. Der barocke Orgelprospekt fiel ebenfalls den Flammen zum Opfer.

Ruinenlandschaft mit dem bereits provisorisch gedeckten Dom.

Schadensbilanz III

In der Altstadt innerhalb der Straßenzüge Juliuspromenade, Theaterstraße, Hofpromenade, Neubaustraße sowie im Bereich des Sanderrings hat das Feuer stark gewütet. In der Altstadt ist jedes Gebäude ausgebrannt. Oft stehen nur noch die Fassaden der vom Feuer zerfressenen Häuser. Teilweise sind wie in der Domstraße ganze Straßenzüge eingestürzt. War es in der ersten Zeit nach dem großen Brand unmöglich durch die trümmerbedeckten Straßen voranzukommen, so gibt es selbst auch jetzt noch Bezirke, wo der ursprüngliche Lauf der Gasse unter dem Trümmerfeld verschüttet ist.

Die Franziskanergasse, Ursulinergasse und die Wolfhartsgasse wurden schwer getroffen. Beim Gang durch die Domstraße oder die Schustergasse wird das ganze Grauen sichtbar. Interessanterweise ist der Vierröhrenbrunnen gut erhalten geblieben.

Das Feuer hat gewütet und überall nur eine ausgebrannte Stadtlandschaft hinterlassen.

Schadensbilanz IV

Residenz

Der Brand hat in der Residenz zum Teil unwiderruflichen Schaden angerichtet. Die Schäden an den Haupträumen, dem Treppenhaus, dem Kaisersaal und dem Weißen Saal halten sich in Grenzen. Die 16 Paradezimmer, die Empirezimmer und die von Seinsheim eingerichteten Zimmer sind durch das Feuer zerstört, ebenso das weltberühmte Spiegelkabinett.

Rathaus

Der Gebäudekomplex inmitten der Altstadt wurde von den Bomben stark getroffen. Der Rathausturm und der Wenzelsaal haben den Brand teilweise überstanden. Der Sitzungssaal mit der figürlichen Stuckzier ist komplett zerstört.

Juliusspital

Die Stiftung Julius Echters wurde auf der Straßenfront von Sprengbomben getroffen und hat dadurch großen Schaden erlitten. Das gesamte Gebäude des Spitals mit dem Fürstenbau fiel dem Feuer zum Opfer. Wie durch ein Wunder blieb die Rokoko-Apotheke unbeschädigt. Das Dach des Gartenpavillons wurde sehr stark beschädigt.

Alte Universität

Das Gebäude der Universität mit dem Priesterseminar einschließlich der Universitätskirche ist ein Raub der Flammen geworden. Die zum Gebäudekomplex gehörende Michelskirche ist ebenfalls abgebrannt.

Inmitten der ausgebrannten Gebäude steht der massive Grafeneckartturm.

Die Altstadt liegt in Schutt und Asche.

Tagebuchaufzeichnungen

Kaplan Bauer, der jene furchtbare Bombennacht miterlebte und die Stadt danach monatelang nicht verließ, schreibt Folgendes in sein Tagebuch:

„Das Kreuz über Würzburg"

Leute, die beim Grafeneckart 12 und 14 wohnten, erzählten, wie sie auf die Alte Mainbrücke zu eilten, und als sie dort auch jenseits des Flusses Feuer gewahrten und der Wind ihnen von drüben Rauch entgegentrieb, seien sie wieder zurückgesprungen und in die enge Wolfhartsgasse gestürzt, seien nach planlosem Umherrennen plötzlich in einem Luftschutzkeller der Ursulinergasse gewesen, wo sie nur mit Mühe und Gewalt wieder herauskamen, weil der Luftschutzwart die Türe versperrte, damit niemand hinaus- und in sein sicheres Verderben stürzte. Bis sie schließlich nach einem Wettlauf mit dem Tod durch die Bockgasse, Gotengasse, Büttnerstraße und Wirsbergstraße an den Main kamen, wo sie sich dem Flüchtlingsstrom mainaufwärts nach Randersacker anschlossen. In den Kellern der Wolfharts- und der Ursulinergasse jagten die Leute, wie Überlebende mir erzählten, durch die Mauerdurchbrüche von einem Keller zum anderen. Sie hatten im eigenen Haus das Feuer gewahrt und meinten, das nächste sei feuerfrei. So ging es durch zehn, 15 und noch mehr Keller, erst in die Richtung des Vierröhrenbrunnens,

Die Ruine der Peter-und-Paul-Kirche.

dann, als überall Feuer war, zurück in die entgegengesetzte Richtung. Mit dem gleichen Ergebnis. Und so einmal hin und her, wie die Ratten gejagt. Welche Szenen sich dabei abgespielt haben mögen, wird niemand je beschreiben. Wie die Überlebenden eigentlich herauskamen, wusste keiner zu sagen. Später traf ich eine Frau aus der Ursulinergasse, die zwei Kinder verloren hatte, weil sie im Gedränge von ihr losgerissen wurden. Sie zählte mir die Toten der Ursulinergasse nach Wohnung und Namen ziemlich genau auf. Danach müssen in dieser Gasse 70 bis 90 Menschen umgekommen sein.

Und noch immer erfüllte die Luft das drohende Dröhnen von Motoren: War es ein neuer Verband, um nun, wie bei so vielen anderen Städten, seine Sprengbomben in das tödliche Flammenmeer hinabzuwerfen? Nein, davor blieben wir gottlob verschont und damit auch vor bedeutend größeren Menschenopfern. Tausende aber kamen dennoch entweder unmittelbar durch Bombeneinwirkung ums Leben oder fanden, wenn sie es vorzogen, im Keller zu bleiben, den Erstickungstod. Nur die allerwenigsten überstanden die Schreckensnacht inmitten der brennenden Stadt und vermögen uns deshalb zu schildern, was in jenen qualvollen Stunden Menschenherzen erdulden mussten, indessen eine der schönsten Kostbarkeiten des Abendlandes, unser unvergessliches Würzburg, in glühenden Trümmern versank.

Wiederaufbau der zerstörten Stadt

Schutträumung

(Auszug aus der „Würzburger Chronik des Wiederaufbaues")

Nach Schätzung von Sachverständigen betrug die gesamte Schuttmenge etwa 2,2 Millionen Kubikmeter, die auf einer Grundfläche im Ausmaß des Residenzplatzes von ca. 22.000 Quadratmetern einen Berg ungefähr fünfmal so hoch wie die Residenz ergeben hätte.

Eingestürzte Häuser und Sprenglöcher machten die Straßen kaum passierbar; außerdem galt es, Absturzgefahren von Ruinen zu beseitigen, eine Aufgabe, die in halbjähriger Tätigkeit vor allem durch das sogenannte Einreißkommando, geleitet von Ingenieur Scheckenbach, gelöst wurde. Ungezählt sind die Fuhren von Schutt, die anfangs ohne Lastkraftwagen entfernt werden mussten: man hatte, wie sich Herr Eugen Reinfurt erinnert, die Hauptstraßen so weit freigeschaufelt, dass eine kleine Feldbahn eingesetzt werden konnte. In erstaunlich kurzer Zeit waren die Schmalspurgleise verlegt, dann holperte der sogenannte „Schuttblitz" mit seinen Loren durch die Kaiserstraße, Juliuspromenade, Schönborn-, Dom- und Augustinerstraße zum Main. Dort waren inzwischen Schuttkippen errichtet worden, noch vorhandene Mainkähne lagen bereit und transportierten die Schuttmassen mainabwärts. Fehlte es den Arbeitskommandos auch immer wieder an den notwendigen Werkzeugen, so erbrachten diese Aufräumungsarbeiten doch große Mengen an Baustoffen, die bei der allgemeinen Materialknappheit eine willkommene Bereicherung für den Wiederaufbau waren. Jedoch nicht alles Gestein der zerstörten Stadt konnte für den Wiederaufbau nutzbar gemacht werden.

Das Schutträumungskommando im Einsatz.

Kirchenruinen und eingestürzte Häuser bestimmten das Bild.

In dieser Zeit der Entbehrungen und ungewissen Zukunft sind die „Trümmerfrauen“ zu erwähnen, die bei der Schwerstarbeit der Trümmerräumung und durch ihren tatkräftigen Einsatz halfen, Würzburg wiederaufzubauen.

In den Tagen nach der Kriegszerstörung wurden verschiedentlich Stimmen laut, es wäre besser, die Stadt als Mahnmal zu belassen und an anderer Stelle neu aufzubauen, doch das intakte unterirdische Kanal- und Leitungssystem verhinderte eine Ansiedlung an anderer Stelle.

Die Rathausruine, aufgenommen 1945.

Die Neubaustraße mit abgebrannter Universitätskirche im Jahr 1945.

Ausgebrannte Wohnhauszeile in der Innenstadt.

Auch die Augustinerstraße lag in Schutt und Asche.

Amerikanische Besatzung

Der Kampf um Würzburg zwischen dem Deutschen Heer und der 42. US-Infanteriedivision fand vom 31. März bis 6. April 1945 statt. Die Verteidigung der Trümmerstadt wurde unter der Leitung des Gauleiters und Wehrmachtobersts Richard Wolf auf Befehl Adolf Hitlers durchgeführt. In der Nacht zum 2. April setzten die Amerikaner im Bereich der Ludwigsbrücke über den Main, ohne auf großen Widerstand zu stoßen. Die vorrückenden Truppen wurden gezielt von Scharfschützen beschossen. Die schwerwiegendsten Kämpfe fanden allerdings in der Innenstadt statt, die jedoch mangels Bewaffnung bald zu Ende gingen. Am 6. April 1945 stellten dann die letzten deutschen Einheiten den Kampf um Würzburg ein. Mit der Besetzung der Amerikaner kehrte wieder etwas Ruhe in der Stadt ein.

Wiederaufbau der Residenz

Aufzeichnungen eines amerikanischen Kunstschutz-Offiziers:

Am 18. Juni 1945 wurde ich, John D. Skilton jr., als Offizier der Denkmalschutz-Abteilung der Militärregierung in Würzburg zugeteilt.

In der schicksalsschweren Nacht vom 16. März 1945 wurde das ganze Innere der Residenz von den herunterhagelnden Brandbomben fast völlig ausgebrannt. Dagegen blieben die Außenmauern im Wesentlichen unbeschädigt. Im mittleren Teil der mächtigen Residenz liegt das Treppenhaus, das, von dem größten freischwebenden Gewölbe der Welt überdacht, mit den reichen Fresken des Giovanni Battista Tiepolo, den Olymp und die vier Kontinente Europa, Amerika, Asien und Afrika darstellend, geschmückt ist. Nachdem das ganze Dach abgebrannt war, war das Gewölbe den Witterungseinflüssen ausgesetzt und wurde erst provisorisch mit Zeltplanen, nur zum geringen Teil und unzureichend geschützt.

Unsere dringlichste Aufgabe bestand darin, über diesem Gewölbe ein neues Dach zu errichten, um das Mauerwerk und die Fresken vor nicht wieder gutzumachenden Wetterschäden zu schützen. Nachdem wir dem Gewölbe ein Dach aus Holz und Dachpappe gegeben sowie die Fenster mit Brettern vernagelt hatten, versuchten wir den nächsten wichtigen Teil der Residenz, den ebenfalls von Tiepolo ausgeschmückten Kaisersaal, zu retten. Dies war der große Festsaal im oberen Stockwerk. Seine Fresken hatten schon durch den Regen stark gelitten, doch bewahrte sie die Wiederherstellung des Dachs vor weiteren Beschädigungen. Es gelang uns dann, genügend Menge von Schiefern zu beschlagnahmen oder aus den Trümmern zu bergen, um das ursprüngliche Dach wiederherzustellen.

Die weitere Restaurierungsarbeit in der Residenz galt dem Weißen Saal, einem Saal mit reichen Stuckornamenten des italienischen Künstlers Antonio Bossi. Ich liebe diesen Raum ganz besonders wegen der reizenden Ornamentik, die die reine Fantasie des Rokokos in entzückender Weise wiedergab. Jeden Tag beobachte ich voller Kummer, wie der zarte Stuck unter den schweren Regengüssen, die unsere Arbeit zunichtezumachen drohten, immer mehr abbröckelte, und ich fürchtete sehr, dass dieser liebliche Raum nicht mehr zu retten war. Schließlich haben wir in der südwestlichen Ecke ein großes Gerüst aufgestellt und das Gewölbe mit Zement ausgepresst, um den Einsturz der Decke zu verhindern. Später wurde ein neues Dach aus Holz und Dachpappe errichtet.

Die ausgebrannte Residenz, im Hintergrund die Ruinenstadt.

Das Paradezimmer war stark verrußt.

Die Kriegsschäden im grün lackierten Kabinett waren enorm.

Die Überreste des Doms auf dem Paradeplatz.

Wiederaufbau des Doms

Aufzeichnungen von John D. Skilton jr.:

Als ein weiterer Bau auf der Liste der Kunstschutz-Abteilung stand der Kilians-Dom.

Die Westfassade des Doms stammt aus dem 19. Jahrhundert, der Bau selbst ist romanisch mit Stuckverzierungen an Wänden und Gewölben, die vom italienischen Künstler Pietro Magno im 18. Jahrhundert hinzugefügt wurden. Die Dächer wurden durch die Bomben zerstört, aber das Gewölbe war noch erhalten. Die Fensterrahmen wie auch alles Holzwerk im Inneren des Domes waren verbrannt, es musste also dringend für ein neues Dach gesorgt werden, damit das Gewölbe nicht ebenfalls der Witterung zum Opfer fiel.

Bei meiner Abreise aus Würzburg hatte man mir versichert, dass der Dom wiederhergestellt werden sollte, und ich versprach, wenn irgendwie möglich zur Wiedereinweihung der Kirche zurückzukehren. Im April 1946 erfuhr ich jedoch zu meinem großen Bedauern, dass die Wiederherstellungsarbeiten vergeblich waren. Wahrscheinlich waren die durch den Brand morsch gewordenen Mauern zu schwach, um das Gewicht des neuen Eisendaches zu tragen, das nun mit der herrlichen Barockstuckatur eingestürzt war. Man hätte wohl diese Mauern erst sorgfältig untersuchen sollen, bevor man die Wiederherstellung in Angriff nahm.

Von den sechzehn Altären des Domes waren fünf vollständig zertrümmert; von den anderen elf wurden jedoch die Fragmente mühsam zusammengesetzt.

Das Innere des Doms nach dem Einsturz.

Die Außenfassade mit den stark beschädigten Türmen.

Geschichtsdaten zum Wiederaufbau:
16. März 1945: Der Dom wurde bei der Bombardierung der Stadt schwer getroffen, Vierung, Querschiff und Chorraum blieben weitgehend erhalten.
18. Februar 1946: Es wurde ein Notdach erstellt.
20. Februar 1946: Einsturz der nördlichen Langhauswand einschließlich des Notdaches.
6. Mai 1967: Beendigung des Wiederaufbaues mit Altarweihe.

John Davis Skilton, geb. 28. Februar 1909, gest. 22. Januar 1992, war Kunsthistoriker und US-Offizier. Er wurde mehrmals für sein Wirken in Würzburg ausgezeichnet, 1976 mit der Silbernen Stadtplakette sowie dem Bundesverdienstkreuz 1. Klasse.

Der Fischmarkt mit der Gaststätte „Reichsapfel". Foto um 1946.

Würzburgs Stadtoberbaudirektor Anton Mokroß schrieb 1946 folgende Zeilen:
Würzburgs Bürgerschaft will nicht tatenlos trauern, sie will ihre Stadt aus den Trümmern wiedererstehen lassen. An Lebenswillen, Arbeitskraft und Wagemut stehen die heutigen Würzburger ihren Vorfahren nicht nach, die, in der langen wechselvollen Geschichte der Stadt oft aus schweren Niederbrüchen emporgehoben, sie größer und schöner gemacht haben.

Was in einer Grauennacht zerstört wurde, kann erst in mühevoller, jahrzehntelanger Arbeit wiederaufgebaut werden. Das Ergebnis dieser Arbeit wird nicht das alte Würzburg sein, es wird in manchem eine verjüngte Stadt sein, die aber den hohen und dabei heimlichen Geist des alten Würzburg atmen soll.

Das versunkene, in Schutt und Asche verwandelte Alte lässt sich nicht künstlich wiedererwecken. Versuche, neue Bauten in Formen alter Zeiten zu errichten, müssen missglücken, wie sie die Misserfolge der letzten Jahrzehnte des vorigen Jahrhunderts zeigen; die so erdachten Werke sind blut- und geistlos, ihnen fehlt die überzeigende Wahrheit und Selbstverständlichkeit.

Die Stadtverwaltung wird in genauer Kenntnis unserer bitteren Armut keine Prachtstraßen planen, keinen Riesen-Großstadtverkehr zugrunde legen, sie wird sich auf das Notwendige beschränken. In der Durchführung dieses unumgänglich Notwendigen aber werden sich die berufenen Planer und Vertreter der Bürgerschaft nicht durch die Bleigewichte kleinlicher selbstsüchtiger Interessen in ihrem Schreiten in die erhoffte, lichtere Zukunft hemmen lassen.

Die Augustinerstraße mit behelfsmäßigen Geschäften, aufgenommen um 1946.

Ruinen am Dominikanerplatz um 1946.

6

Die wiedererstandene Stadt

Hauptbahnhof

Das alte Bahnhofsgebäude und die Bahnanlagen wurden bereits bei einem Angriff am 23. Februar 1945 stark beschädigt. Nach dem Hauptangriff am 16. März mit der totalen Zerstörung der Bahnanlagen entschloss man sich zum Neubau des Bahnhofs.

Es wurde ein schlichter Neubau im Stil der Nachkriegszeit. Der Entwurf mit Empfangshalle als Mittelteil war ein Werk des Regierungsbaumeisters Hans Kern. Auf der großen Wandfläche über den Fahrkartenschaltern ist ein großes Wandbild mit dem Innenleben einer Lokomotive und Bahnarbeiter zu sehen, das der Künstler Alois Wünsche-Mittercker schuf. Im Oktober 1954 wurde der Bahnhof dem Bahnverkehr übergeben. 1975 wurden alle Bahnstrecken von Würzburg aus elektrifiziert. Der Bahnhof wurde in den letzten Jahren mehrmals zeitgemäß umgebaut und Würzburg ist heute ein Verkehrsknotenpunkt.

Neben dem Bahnhof wurde auch der Bahnhofsvorplatz neu gestaltet. Die Straßenbahnschienen mussten neu verlegt werden und Haltestellen wurden neu geschaffen. Kleine Verkaufspavillons rahmten den gesamten Platz ein. Die in die Jahre gekommenen Pavillons, die nicht mehr gut aussahen, wurden 2019 durch Grünflächen ersetzt. Ein Highlight auf dem Platz ist nach wie vor der Kiliansbrunnen.

Ein aus dem Würzburger Hauptbahnhof fahrender Personenzug im Jahr 1951.

Der neu errichtete Hauptbahnhof mit dem Bahnhofsvorplatz um 1955.

Der moderne Bahnhofsinnenraum mit Wandmosaik.

Das neue Stadttheater an der Theaterstraße.

Stadttheater

Ein wichtiger Aspekt beim Wiederaufbau war auch das kulturelle Wiederaufleben der Stadt. Der Haushaltsplan der Stadt ließ damals keine großen Sprünge zu. So konnte die Eröffnung des neu erbauten Stadttheaters erst am 4. Dezember 1966 erfolgen, obwohl der Stadtrat bereits am 8. Mai 1958 beschlossen hatte, ein neues Theater zu finanzieren. Am 25. Mai 1962 erfolgte die Grundsteinlegung des Neubaus auf dem Gelände des alten Bahnhofs. Am 24. September 1964 wurde Richtfest gefeiert.

Huttensäle

Die Anlage war um 1940 eine Großgaststätte mit angegliedertem Saal. 1944 wurde das Anwesen in ein Lichtspieltheater umgebaut, die sogenannten Huttenlichtspiele.

1945 wurde das gesamte Anwesen zerstört. Im Zuge des Wiederaufbaus wurde 1948 ein großer Saal mit Café und Bierkeller eröffnet. Im Saal hatten 500 Personen Platz. Eine Bühne und ein Balkon standen zur Verfügung. 1949 wurden die Huttenlichtspiele wiedereröffnet. 1953 eröffnete der große Saal. Größere Veranstaltungen aller Art fanden in den Sälen in der Nachkriegszeit statt. Dann wurde das Congress Centrum Würzburg gebaut und die Huttensäle 1980 geschlossen. Heute ist in dem Gebäude ein Einkaufsmarkt untergebracht.

Die Huttensäle in wiederaufgebauter Form.

Der Kappenabend war damals sehr beliebt.

Blick in die wiedererrichtete Neubaustraße.

Bauwesen

Der Fokus des gesamten Wiederaufbaus in Würzburg lag auf dem Wohnungsbau. 1945 war die Altstadt bis auf ein Haus in der Büttnerstraße und einige Häuser in der Pleich vollständig zerstört worden. Von 27.887 Wohnungen gingen 20.463 verloren. Auch die übrig gebliebenen Wohnungen erlitten große Schäden. Der ausgebrannte Gesamtverlust der Bausubstanz belief sich auf 85 Prozent. 1948 lag die Stadt als ausgebranntes Trümmerfeld in ihrem Talkessel. Die Idee einer Verlagerung und eines Neubaus der Stadt an einem anderen Platz war schnell vom Tisch. Die vorhandenen Kräfte der Bevölkerung waren stark genug, um bald wieder eine lebendige Stadt erstehen zu lassen. Natürlich zog sich eine so gewaltige Aufgabe über Jahre hin. Es mussten zahllose neue Wohnungen geschaffen werden, doch anfangs standen ausreichend Baumaterialien und technische Hilfsmittel nicht zur Verfügung, ganz abgesehen von der nach der Währungsreform vom 20. Juni 1948 völlig unzureichenden Kapitalmenge. Doch die Würzburger ließen sich nicht unterkriegen und bauten ihre Stadt in neuem Glanz wieder auf.

Blick in die Peterstraße mit den aus Trümmern erstandenen Neubauten.

Die Peterstraße mit renovierter Peter-und-Paul-Kirche.

Der Barbarossaplatz mit Versicherungsgebäude.

„Hotel und Gasthof Lämmle" am Marienplatz.

Die Universität am Sanderring.

Der Paradeplatz hinter dem Dom mit Parkplatz.

Die wiederaufgebaute Marienkapelle mit Marktplatz.

Gemüsestände auf dem Marktplatz.

Das Falkenhaus erstrahlt wieder in seiner vollen Pracht.

Der Straßenverkehr hat die Domstraße voll im Griff.

Alltagsleben im Herzen von Würzburg.

Würzburg heute

Trotz der immensen Schäden des Zweiten Weltkriegs hat sich Würzburg wieder zu einer schönen und lebenswerten Stadt entwickelt. Die typischen Weinlokale mit Blick auf den Main und die historischen Schätze wie das Käppele, das Falkenhaus, die Festung Marienberg oder die Residenz verleihen der Stadt ein ganz besonderes Flair, das nicht nur Einheimische zu schätzen wissen, sondern das auch Tausende Touristen begeistert, die jedes Jahr in die Stadt strömen. Auch zahlreiche Tagungen und Kongresse finden heute hier statt.

In Würzburg leben rund 130.000 Einwohner in folgenden Stadtteilen: Altstadt, Zellerau, Dürrbachtal, Grombühl, Lindleinsmühle, Frauenland, Sanderau sowie Heuchelhof, die um die eingemeindeten, vormals selbstständigen Ortschaften ergänzt wurden: Heidingsfeld (1930), Rottenbauer (1974), Ober- und Unterdürbach (1976), Lengfeld (1978) und Versbach (1978).

Und auch den kulturellen und wirtschaftlichen Austausch mit anderen Städten pflegt Würzburg mit etlichen Städtepartnerschaften: Faribault, Minnesota, USA (seit 1949), Trutnov, Tschechien (seit 1956), Caen, Frankreich (seit 1962), Dundee, Schottland (seit 1962), Rochester, USA (seit 1964), Mwanza, Tansania (seit 1966), Otsu, Japan (seit 1979), Salamanca, Spanien (seit April 1980), Suhl, Thüringen (seit 1988), Umeå, Schweden (seit 1992) und Bray, Irland (seit 1999).

Blick von der Festung auf die Stadt um 1959.

Würzburg vor 100 Jahren.

Blick auf die Europastadt heute.

Literaturhinweise

DETTELBACHER, WERNER: *Die Kilianimesse zu Würzburg*, 1977.

DETTELBACHER, WERNER: *Zu Gast im alten Würzburg*, 1993.

ERHARD, BRUNO: *Würzburg – Gestern und heute*, 2003.

ERHARD, BRUNO: *Die Nacht als Würzburg unterging*, 2005.

GRÄF, HEINZ; WEBER, OTTO: *Luftfahrt in Würzburg*, 1990.

OPPELT, HANS: *Würzburger Chronik des denkwürdigen Jahres 1945*, 1947.

OPPELT, HANS: *Würzburger Chronik des Wiederaufbaues*, 1982.

ROTTENBACH, BRUNO: *Würzburger Straßennamen Band 1*, 1968.

ROTTENBACH, BRUNO: *Würzburger Straßennamen Band 2*, 1969.

Bildnachweis

Alle Bilder stammen aus der Privatsammlung des Autors mit Ausnahme von:
John D. Skilton, Würzburg 1945: S. 100, 101;
Mainfranken-Edition, Archiv Verlag: S. 10.

Würzburg-Heidingsfeld
Einst und Heute

Bruno Erhard

9978-3-95400-751-6
20,00 €

Schweinfurt
Gestern und Heute

Bruno Erhard

978-3-95400-962-6
19,99 €